Attaques !
Attacks !

Hélène Ducrocq

éditée par © Citron Bien éditions
ISBN 9782492292101

merci !

Pierre Dron ♥
Liz & Myers   Dachmet
   Matoshashade
Pariterre   CoeurSurToi
   Wendy_1334   Sianahbook   Alchimiste des Mots
   RetroEclair   Le Dragonologue
Charlie Nounouvember   Fabzoo   JijéPoireau
Lecice   MariePaery   Lena 2900-1   ZananeAvion

COLLECTION LES MAL-AIMÉS

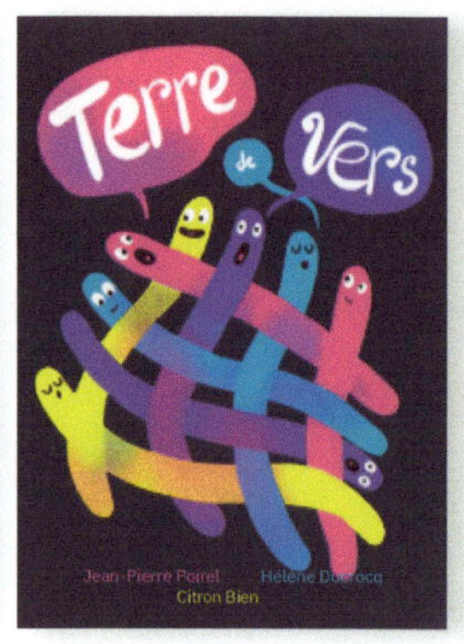

COLORIAGES - Coloring books

Déjà publiés - Available

Les couleurs de l'océan
The colors of the ocean

Les couleurs de la nuit
The colors of the night

À paraître - To be published

Les couleurs sous terre
The colors of the underground

Les couleurs des araignées
The colors of the spiders

Les couleurs des campagnes
The colors of the badgers

Les couleurs de la forêt
The colors of the forest

Les couleurs des renards
The colors of the foxes

Les couleurs des corbeaux
The colors of the crows

FILMS

CINEMA

VOD

Disponible
sur tous vos appareils

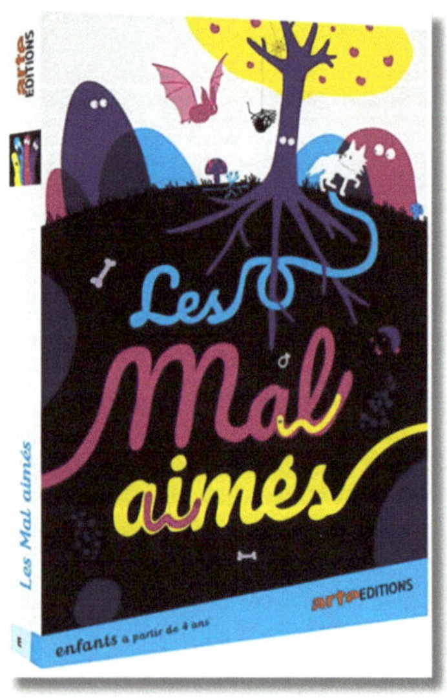

DVD

«*les Mal-Aimés*» un projet imaginé, édité et produit en Drôme

Dépôt légal 2ème semestre 2024
© histoire & illustrations : Hélène Ducrocq

ISBN 9782492292101

loi n°49-956 du 16 juillet 1949 sur les publications
destinées à la jeunesse, modifiée par la loi n°2011-525 du 17 mai 2011
Septembre 2020

www.ingramcontent.com/pod-product-compliance
Lightning Source LLC
LaVergne TN
LVHW051508180726
843512LV00006B/697